LES PRINCIPES

DE

LA RÉVOLUTION FRANÇAISE

ET

LE PROGRAMME DE 1789

LES PRINCIPES

DE

LA RÉVOLUTION FRANÇAISE

ET

LE PROGRAMME DE 1789

PAR

LE MARQUIS D'ANDELARRE

Membre de l'Assemblée nationale.

> Ayons le courage de l'avouer, longtemps nous n'avons point compris la Révolution dont nous sommes les témoins; longtemps nous l'avons prise pour un événement. Nous nous trompions : c'était une époque.
>
> Comte de MAISTRE.

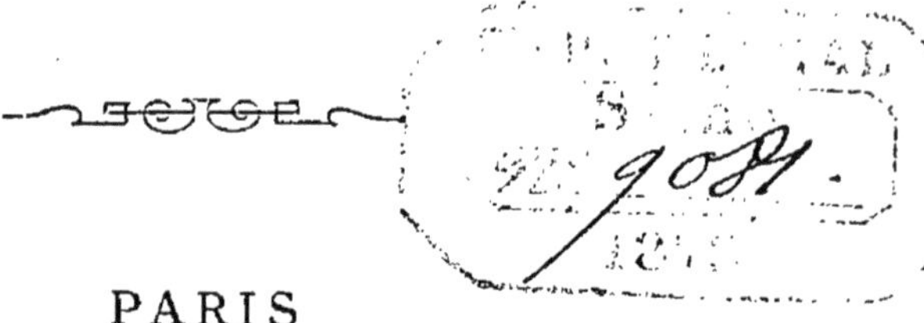

PARIS

E. DENTU, LIBRAIRE-ÉDITEUR

Palais-Royal, 17 et 19, Galerie d'Orléans.

1872

Un acte considérable, le Message de M. le président de la République, me décide à publier sous forme de brochure les lettres que j'ai adressées pendant les vacances parlementaires au *Courrier de France*.

Le Message du 13 novembre devant marquer la date d'une phase nouvelle et périlleuse, il faut que les responsabilités soient bien déterminées. Il faut que le pays sache, qu'après avoir créé le chef du pouvoir exécutif, le parti conservateur parlementaire de l'Assemblée nationale ne lui a pas marchandé son concours; que, depuis le plus humble jusqu'au plus élevé de ses membres, il lui a offert, jusqu'au 13 novembre, non-seulement le maintien, mais l'accroissement de ses pouvoirs dans la mesure et avec les conditions nécessaires pour l'accomplissement de la tâche qu'il lui a confiée dans l'intérêt de la France.

Dans la situation pleine de périls qui lui est faite aujourd'hui par le Message, la

conduite du parti conservateur est dictée par ces paroles d'outre-tombe qui lui ont été adressées en 1861 par le feu duc de Broglie en prévision de la chute de l'empire, et qu'on retrouvera dans la suite de ce travail : « s'il arrive que plu-
» sieurs prétendants se rencontrent,
» inégaux en titres, mais égaux ou à
» peu près en chances de succès; s'il
» n'existe pas un homme appelé au trône
» par les circonstances, *il faut l'attendre*
» *et donner du temps au temps.* Dans ces
» deux cas, il sera sage de préférer la
» République à la guerre civile; mais
» il sera sage en même temps de ne
» sacrifier à l'esprit républicain, à sa
» jalousie, à sa turbulence, de ne sacri-
» fier surtout au maintien, à la prospérité
» de la République, aucune des garan-
» ties de l'ordre au dedans, aucune des
» conditions de la sécurité et de la
» grandeur au dehors.»

MARQUIS D'ANDELARRE,
Député à l'Assemblée nationale.

LES PRINCIPES
DE
LA RÉVOLUTION FRANÇAISE
ET
LE PROGRAMME DE 1789

PREMIER ARTICLE

A Monsieur Robert Mitchell, rédacteur en chef du COURRIER DE FRANCE

Cher monsieur Mitchell,

Le *Courrier de France*, du 9 du mois dernier, contient un article du *Bien public* qui accuse le parti conservateur « d'ignorance, d'oubli et de mépris des principes de la Révolution française et du programme de 1789. »

Celui du 10 en contient un autre signé de vous, par lequel vous déclarez à ce « parti qu'il fait fausse route, et qu'il joue un rôle de dupe. »

L'impression qui est restée pour moi

de la lecture de ces deux articles ne s'étant pas effacée, je vous demande la permission d'y répondre dans les colonnes de votre important journal.

Sans chercher aujourd'hui quel est le but que s'est proposé le *Bien public* en attaquant avec autant d'injustice que d'amertume le parti conservateur qui comprend, sans distinction de nuances et de drapeau, tous ceux qui, fidèles au pacte de Bordeaux, ajournant leurs espérances et leurs convictions, combattent résolûment dans l'armée de l'ordre contre le désordre, et opposent une résistance invincible à la guerre sociale aujourd'hui déclarée, la guerre aux croyances et à l'immortalité de l'âme (1), la guerre à la famille (2), la

---

(1) La campagne en faveur de l'enterrement civil, la séparation de l'Eglise et de l'Etat, la suppression du budget des cultes.

(2) La sape et la mine contre le mariage. — Les publications éhontées, les pièces de théâtre où l'adultère est mis en action et joue le premier rôle, le livre d'Alexandre Dumas, oubliant la tendresse, le dévouement et les joies de la femme et de la mère, pour faire de toute femme une superstitieuse d'abord, une esclave ensuite, une Aspasie ou une Messaline enfin, passant sans transition de la ruelle à la rue. Si c'est là la femme, bien fou qui s'attacherait à sa ceinture virginale.

guerre à la propriété (1) ; — convaincu que, loin d'ignorer, d'oublier ou de mépriser les principes de la Révolution française, lui seul peut réaliser le programme de 1789, dont il a seul le dépôt, le culte et la foi ; — certain qu'il le réalisera, le jour où le pouvoir exécutif, dédaignant les conseils d'une fausse politique, se mettra à sa tête et lui apportera résolûment *son concours savant et empressé;* — sans mission, sans mandat, sans autre responsabilité que la mienne, je viens défendre le parti conservateur contre l'ennemi qui l'attaque, le *Bien public*, contre l'ami qui se plaint, le *Courrier de France.*

Voici l'accusation :

Certes, on verrait plus promptement se réaliser le grand programme de 89, *si cela ne dépendait que du pouvoir exécutif* que la France a la bonne fortune d'avoir aujourd'hui à sa

---

(1) L'impôt progressif qui paralyse le travail et glace l'esprit d'ordre et d'économie en livrant les fruits du travail au frêlon qui ne travaille pas ; les prédications en faveur du partage des biens, l'excitation à toutes les convoitises. On m'a assuré que, dans certains départements du Midi, les partages sont faits et les lots prêts à tirer.

tête. Mais ce pouvoir a besoin, pour achever l'œuvre de la Révolution française, du *concours savant et empressé* de l'Assemblée actuelle de Versailles ; et malheureusement, il lui faut encore trop souvent compter avec l'ignorance, l'oubli ou le mépris des principes de cette Révolution, ignorance, oubli ou mépris qu'il trouve à chaque pas devant lui, si bien que l'on pourrait donner à chacune de ces trois causes des malheurs publics des noms d'hommes dans l'Assemblée actuelle de Versailles (1).

Voici maintenant la plainte que vous formulez contre le parti conservateur, et où, malgré le reproche immérité que vous lui adressez comme je le montrerai tout à l'heure, vous avez prouvé une fois de plus, qu'entre les mains d'hommes inspirés par le cœur, par l'intelligence et par le patriotisme, la presse est la meilleure conseillère du pouvoir parlementaire, qu'elle est la tribune de ceux qui n'ont pas de tribune, et que, quels que soient ses abus contre lesquels il faut se défendre, elle est de nécessité

(1) Sommes-nous donc condamnés à tourner éternellement dans le même cercle ? « L'Assemblée nationale, disait à Dijon en 1851 le prince président de la République, m'a empêché de faire le bien que je voulais faire à ce peuple. »

première dans tout pays où chaque citoyen a le droit de parler des affaires publiques :

Le temps n'est plus où nous pouvions nous laisser influencer par ces prétextes usés.

Aussi bien, depuis un an, le parti conservateur fait un métier de dupe. De peur de soulever un débat compromettant pour la tranquillité publique, il se tait lorsqu'il devrait parler. Dans la crainte d'affaiblir le pouvoir devant l'étranger et de nuire passagèrement au crédit de la France, il se croise les bras alors qu'il devrait agir.

Et la trêve de Bordeaux qu'il observe avec une patriotique fidélité est quotidiennement violée par la gauche radicale ministérielle et par le gouvernement lui-même.

Le centre droit prend des précautions infinies pour ne point provoquer une crise. Quand il juge que des explications sont devenues nécessaires entre M. Thiers et la majorité, il cherche et trouve un compromis de nature à enlever à ces explications tout caractère irritant. Et cependant la gauche insulte l'Assemblée souveraine au Havre, à Angers, à la Ferté-sous-Jouarre, avec la permission de MM. les maires; M. Barthélemy-Saint-Hilaire fait commerce d'amitié avec le docteur Guyot, le secrétaire radical du démagogique conseil de Villefranche et le président de la République donne raison à M. Bouchet contre M. de Kératry.

Le *Bien public* l'avoue enfin, ce ne sont plus seulement les monarchistes que M. Thiers offre en holocauste au parti rouge; ce sont les *républicains conservateurs.*

ROBERT MITCHELL.

Ainsi, suivant l'accusation, le parti conservateur est ignorant, oublieux, dédaigneux des principes dela Révolution française et du programme de 1789.

Ainsi, suivant vous, il fait un métier de dupe, il se tait lorsque le jour est venu d'élever la voix, il cherche un compromis quand les explications sont devenues nécessaires, et quand le pacte de Bordeaux, que lui seul a fait, que lui seul respecte, est audacieusement violé par la gauche ministérielle, bien plus, par le pouvoir exécutif lui-même, il se renferme dans une résignation muette.

Cette accusation est-elle juste?

Cette plainte est-elle fondée?

Le moment était-il venu de parler quand nous gardions le silence? d'agir quand nous restions l'arme au bras? de prendre l'offensive, qui seule, fait gagner les batailles, quand la défensive amène les capitulations, sans profit et sans gloire?

C'est ce qu'il s'agit d'examiner.

Certes, entre l'ennemi qui accuse pour

abaisser, et l'ami qui blâme pour grandir, le premier mouvement est de donner à l'ami les explications qu'il provoque. Mais, entre deux cas pressants, il faut choisir celui qui l'est le plus, briser dans la main de l'ennemi le fer qu'il tend pour frapper, retourner contre lui l'arme qu'il a trop tôt démasquée.

Je passe donc de suite à l'accusation d'ignorance, d'oubli et de dédain des principes de la Révolution française et du programme de 1789.

Et comme je soupçonne fort le *Bien public* de n'avoir j'amais eu sous les yeux le texte complet du programme de 1789; comme ce programme ne se trouve ni dans les actes de l'Assemblée constituante qui l'a trop souvent méconnu, ni dans ceux des assemblées qui lui ont succédé et qui l'ont défiguré, ni encore moins dans la Constitution autocratique de l'an VIII, dans la Charte anglaise de 1814, dans la Charte bâclée de 1830, dans la Constitution de 1848, et surtout dans celle de 1852; comme il est écrit tout entier dans le testament glorieux que nous ont laissé nos pères, les 750 cahiers des Etats-Généraux de 1789; je crois bon de mettre en tête de ce travail le résumé de ces cahiers, tels qu'ils ont été légués par une société expirante à la société qui se levait, legs sacré que l'Assemblée nationale de 1871 aurait déjà acquitté, si les passions, les préjugés des partis, si les impatiences et les faiblesses du pouvoir, contre lesquels l'Assemblée constituante de 1789 a échoué, ne se dressaient de nouveau, pour faire avorter le mouvement national qui s'est produit en février 1871 comme il s'était produit en mai 1789, malgré la sagesse, la fermeté, le désintéressement, la haute intelligence du parti conservateur parlementaire qui forme l'immense majorité de l'Assemblée nationale!

Ces passions et ces préjugés, qui ont trouvé hier un organe dans un sixième des membres de l'Assemblée nationale (1); ces impatiences et ces faiblesses qui en trouvent un aujourd'hui dans le *Bien public* (2), prévaudront-ils encore une fois contre le mouvement national de 1871 détourné à leur profit? Feront-ils ajourner encore une fois à quatre-vingts

---

(1) Manifeste de la gauche républicaine du 6 août 1872, signé de 125 membres de l'Assemblée nationale.

(2) Numéro du 8 août.

ans l'œuvre toujours reprise et jamais achevée de la Révolution française parvenue à sa période gouvernementale? Faudra-t-il retourner encore une fois aux carrières de la Révolution, à l'anarchie et au despotisme?

Je l'ignore; mais ce que je sais, c'est que ce ne sera pas la faute du parti conservateur de l'Assemblée nationale.

C'est ce que je me propose de démontrer :

1° En mettant sous les yeux du lecteur, formulés en articles, les principes de la Révolution française, au triple point de vue, des conditions absolues des sociétés humaines, des conditions relatives de la société moderne, enfin de leur application, conditions et formules aussi vraies en 1872 qu'il y a quatre-vingts ans, véritable programme de 1789 qui porte avec lui la fortune de la France, résumé fidèle des cahiers des Etats-Généraux, nouvelles tables de la loi recueillies par nos pères sur un nouveau Sinaï, au milieu du tonnerre et des éclairs;

2° En prouvant dans l'article suivant que si, depuis le 8 février 1871, sous des influences dont il n'a pas la responsabilité, le parti conservateur de l'Assemblée nationale n'a pas toujours fait ce qu'il eût voulu faire, s'il n'a accompli qu'une partie du programme de 1789, s'il a été forcé d'ajourner le reste, il n'a pas dévié un seul jour des principes de ce programme, apprenant ainsi au *Bien public* qu'il n'a pas plus oublié ni méprisé ces principes qu'il ne les a ignorés.

3° En discutant avec le *Courrier de France* la question de savoir quelle est, à mon point de vue, la conduite que devra tenir le parti conservateur à la reprise des travaux de l'Assemblée, en présence du traité signé avec l'Allemagne et du succès de l'Emprunt, en présence de l'union des vues et de l'esprit qui existe entre les membres du parti conservateur, centre droit, droite, droite modérée, membres de la Chambre qui n'appartiennent à aucun groupe déterminé, et quelques individualités, petites par le nombre, grandes par la valeur, appartenant au centre gauche, en présence de la conduite encore inexpliquée de la gauche qui oscille entre le pouvoir et la rue.

Heureux, monsieur le rédacteur, si, au terme de cette nouvelle phase dans laquelle nous allons entrer, il m'est permis de dire ce que j'écrivais en 1868, dans une étude sur les cahiers des Etats-Généraux de Franche-Comté, et que je demande la permission de répéter ici :

Plus heureux que nos pères qui ont été rudement ballottés par les vents et battus par l'orage, appris par leurs enseignements, instruits par leur expérience, nous avons touché le seuil de la terre promise. C'est à nous à mesurer le chemin qui nous reste à faire. Passionnés comme nos pères pour l'égalité civile et politique, convaincus comme eux que la liberté réglée est le seul système qui puisse donner les fruits que nous demandons à la société moderne, certains qu'elle ne trouvera de repos que dans le gouvernement représentatif dont ils nous ont laissé le modèle, c'est à nous qu'il appartient de résoudre le problème, à tous les degrés de la vie publique.

A ceux qui trouveraient que le testament de nos pères nous donne trop de liberté, je dirai : Vous voulez donc retourner à un passé impossible, condamné il y a cent ans par nos pères. A ceux qui trouveraient qu'il n'en donne pas assez, je dirai à leur tour : En voulant des principes nouveaux, vous voulez des conditions de sociétés nouvelles; en rêvant un système de gouvernement nouveau, vous rêvez une révolution nouvelle, quand celle de 1789 n'a pas encore dit son dernier mot, et vous oubliez qu'une révolution qui n'a pas de veille n'a pas de lendemain.

Andelarre, 11 septembre 1872.

DEUXIÈME ARTICLE

RÉSUMÉ

DES

CAHIERS DES ÉTATS-GÉNÉRAUX

CHAPITRE Ier. — PRINCIPES GÉNÉRAUX

Article 1er.

Le roi sera très humblement supplié de maintenir dans le royaume la religion catholique, apostolique et romaine dans toute sa pureté et son culte, tant dans sa morale que dans ses dogmes, comme étant la base la plus propre à affermir la saine politique.

Art. 2.

La base des résolutions des Etats-Généraux devant poser essentiellement sur la justice, les députés demanderont le respect absolu de toutes les propriétés, depuis le trône jusqu'à la plus chétive cabane.

Art. 3.

Les députés demanderont que les parents de ceux qui auront subi la peine prononcée par la loi puissent être admis à tous emplois civils et militaires et aux bénéfices ecclésiastiques, sans que l'infamie du criminel puisse être un motif d'exclusion pour aucun citoyen personnellement irréprochable.

CHAPITRE II. — PRINCIPES POLITIQUES

Art. 4.

Pour conserver à tous les citoyens la sûreté et la liberté individuelle, les députés demanderont qu'il soit arrêté par les Etats-Généraux une loi perpétuelle et irrévocable qui défende pour l'avenir l'usage des lettres closes, et à toute personne revêtue de l'autorité publique de faire arrêter un citoyen domicilié sans le rendre à son juge naturel dans les vingt-quatre heures.

Art. 5.

Les députés demanderont que les ministres ne puissent, sous aucun prétexte, empêcher l'exercice du pouvoir législatif, qu'ils ne puissent attenter à la liberté ou à la propriété de personne par aucun ordre arbitraire, même signé du roi.

Art. 6.

Toute loi générale en France ne pourra être réputée telle, qu'elle n'ait été proposée par le roi et consentie par les Etats-Généraux, ou faite par les Etats-Généraux et consentie par le roi.

Art. 7.

Les députés demanderont la reconnaissance du droit qui appartient à la nation de consentir les subsides, d'en régler l'emploi à faire et de vérifier l'emploi qui en aura été fait d'après les comptes rendus publiés chaque année.

Art. 8.

Tout impôt sera fixé pour sa durée à six mois seulement au delà du jour déterminé pour la convocation des Etats-Généraux les plus prochains; aucun nouvel impôt ne pourra être perçu dans l'intervalle des Etats-Généraux et sans leur consentement.

Art. 9.

Les Etats-Généraux, de concert avec le roi, statueront sur la liberté de la presse, et sur les moyens de connaître, juger et punir ceux qui en abuseraient.

Art. 10.

Les Etats-Généraux règleront la forme de convocation des assemblées nationales à venir, leur composition, organisation et compétence, de telle sorte que dans la composition numérique le Tiers-Etat ait l'égalité des autres citoyens, et que, soit dans la composition, soit dans la compétence, le Tiers-Etat ne puisse avoir moins d'influence que le surplus des citoyens (1).

Art. 11.

La délibération par tête sera demandée pour statuer sur l'article précédent.

---

(1) Pour bien faire comprendre la valeur de ce article et de l'article suivant tiré des cahiers du baillage d'Amont, je dirai avec quelque orgueil qu'il a été délibéré le 6 avril 1789 par les trois ordres réunis à Vesoul.

Art. 12.

Il sera fait une loi pour obliger d'opter entre les emplois de la cour, du militaire, du civil ou de la diplomatie, l'une de ces carrières ne pouvant être suivie en même temps qu'une autre par la même personne.

Art. 13.

Dans le militaire même, on ne pourra être pourvu de deux emplois à la fois, l'un nuisant toujours aux fonctions de l'autre.

CHAPITRE III. — APPLICATION

Art. 14.

Il a été convenu et arrêté que le gouvernement français est un gouvernement monarchique, que les lois obligent et le monarque et ses sujets, et que le gouvernement monarchique est le seul admissible en France.

Art. 15.

Les députés demanderont le maintien de tous les droits de la couronne.

Art. 16.

En cas de minorité ou autre cas semblable, il appartiendra aux Etats-Généraux seuls de disposer de la régence du royaume; et à cet effet le premier prince du sang sera tenu de convoquer sans délai lesdits Etats.

Art. 17.

Le pouvoir législatif devant avoir une action indépendante, libre et non continuelle, il appartient aux Etats-Généraux de fixer eux-mêmes le moment de leur dissolution et l'époque de leur réunion à l'avenir.

Art. 18.

Les membres des Etats-Généraux ne sont responsables de ce qu'ils font, disent et proposent dans l'Assemblée nationale, qu'à l'Assemblée elle-même.

Art. 19.

Les députés demanderont l'établissement d'Etats provinciaux dans toute l'étendue du royaume, sous la forme et organisation que les Etats-Généraux prescriront, et telle que tous les membres soient élus librement, sans que personne puisse prétendre de droits, d'honneurs et de priviléges.

Art. 20.

Les Etats provinciaux devront être revêtus de tous droits de répartition et de perception des subsides que les Etat-Généraux peuvent seuls accorder, de l'administration des ponts et chaussées, des bâtiments publics, des hôpitaux, réparations d'églises, presbytères et municipalités des villes, bourgs et communautés, de leurs revenus, de la vérification de leurs comptes, de la police et conservation des forêts des communautés, de l'irrigation des prairies, du commerce des grains et généralement de tous objets faisant partie de l'administration de la province.

Art. 21.

Les députés demanderont qu'il soit établi dans toutes les villes, bourgs et villages du royaume, des municipalités électives proportionnées à la population.

Art. 22.

Il ne sera jamais établi de cour, sous quelque dénomination que ce soit, pas même sous celle de commission intermédiaire des Etats-Généraux, laquelle puisse prétendre représenter la nation assemblée ni suppléer les Etats.

Art. 23.

Dans le cas où les ministres se seront rendus coupables dans leur administration, lesdits ministres seront responsables de leur conduite à la nation.

Art. 24.

Les ministres de chaque département seront tenus de rendre un compte exact aux Etats-Généraux de l'emploi des fonds dont ils auront la disposition, et ils en seront personnellement responsables.

Art. 25.

Le pouvoir judiciaire sera exercé par les tribunaux formés et établis par la loi, tant pour la première instance que pour l'appel, et tant au criminel qu'au civil. Ces tribunaux seront distribués dans les différentes parties du royaume, de manière que tous les citoyens trouvent à peu près les mêmes facilités d'obtenir la justice, et la compétence des tribunaux sera déterminée le plus précisément qu'il sera possible.

Art. 26.

Les ministres ne pourront arrêter le cours de la justice, si ce n'est dans le cas où le roi jugerait à propos de faire grâce aux accusés, conformément aux lois du royaume.

Art. 27.

Les députés demanderont que l'éducation de la jeunesse de tous les ordres soit prise en considération, et qu'il soit établi dans les provinces de la campagne des maîtres et maîtresses d'école ponr vaquer journellement à l'éducation gratuite des enfants pauvres.

Art. 28.

Comme un des principaux devoirs de la nation assemblée doit être d'établir l'armée sur un pied respectable, un des moyens les plus certains d'y parvenir est de donner aux lois qui la régissent une stabilité dont elles manquent depuis longtemps. Les Etats-Généraux doivent donc ordonner une prompte confection du code militaire dont s'occupe le conseil de guerre, ensuite le sanctionner, pour le préserver à l'avenir des changements continuels et funestes que produit l'instabilité des ministres.

Art. 29.

Les députés demanderont qu'il ne soit pas permis qu'à l'avenir aucun officier puisse être cassé arbitrairement, ou perdre son emploi d'une manière qui intéresse son honneur, sans avoir été jugé dans un conseil de guerre.

Art. 30.

La noblesse ne pouvant et ne devant être que la récompense du mérite, du courage, du patriotisme, et jamais le prix de l'argent, les Etats-Généraux seront invités de prendre en considération le trop grand nombre de charges qui donnent la noblesse transmissible.

Art. 31.

Les députés demanderont que les enfants du Tiers-Etat soient admis dans les écoles militaires pour y partager, avec ceux de la noblesse, les avantages de l'éducation gratuite.

Art. 32.

L'Assemblée nationale sera chargée d'aviser aux moyens de faire participer à l'impôt et aux charges publiques les rentiers capitalistes.

Art. 33.

Les députés proposeront aux Etats-Généraux s'il ne serait pas utile de convertir tous les impôts territoriaux en un impôt unique.

Art. 34

Les députés demanderont qu'il soit fait un tarif uniforme et proportionnel pour le contrôle de tous les actes, quels qu'en soient la nature et l'objet.

Art. 35

D'après le résultat des délibérations prises par les Etats-Généraux sur tous les grands objets de la Constitution compris dans lesdits articles ci-dessus, il sera fait une Charte signée du roi et revêtue du sceau royal, laquelle formera le Code de la Constitution française; il sera fait autant de minutes de cette Charte qu'il y aura d'Etats provinciaux; chacun des Etats en gardera une dans ses archives, et copies collationnées en seront publiées et enregistrées dans toutes les cours et siéges inférieurs, et envoyées dans les dépôts de chaque ville, bourg et communauté du royaume.

Voilà la Révolution française, voilà toute la Révolution, rien que la Révolution!

En présence de ce programme, legs sacré de nos pères que l'Assemblée nationale de 1871 a pour mission d'acquitter, n'avais-je pas le droit de dire, dans l'étude que j'ai consacrée aux cahiers des quatre bailliages de Franche-Comté : « La Constitution française est faite, elle est écrite dans les cahiers des Etats-Généraux (1). »

Andelarre, le 15 septembre 1872.

---

(1) *De la démocratie en Franche-Comté.* Paris, Dentu, 1868.

TROISIÈME ARTICLE

Cunctando restituit rem.
ENNIUS.

Monsieur le rédacteur,

En présentant à vos lecteurs, sous forme de programme, les principes de la Révolution française, tels qu'ils ont été écrits par les fondateurs de la société moderne dans les cahiers des Etats-Généraux, j'ai mis sous leurs yeux les véritables origines de cette société et les conditions sous lesquelles la France du dix-neuvième siècle atteindra le développement et la grandeur qu'elle a droit d'en attendre et qu'elle poursuit, sans se lasser, depuis quatre-vingts ans.

J'ai montré à quelle source le parti conservateur parlementaire, seul dépositaire des principes de la Révolution française et du programme de 1789, que le *Bien public* l'accuse d'ignorer, a puisé la règle invariable de sa conduite, à travers ses fortunes diverses, depuis le 23 mai 1789 jusqu'à nos jours.

Le *Bien public* a-t-il d'autres traditions? a-t-il un autre programme à opposer à ce programme?

S'il n'en a pas d'autres, adopte-t-il les traditions et le programme de M. Gambetta qui écrivait à l'*Egalité* de Marseille, à propos de l'anniversaire du 4 septembre : « Nous avons dans notre » passé révolutionnaire des dates plus » glorieuses, plus saintes, plus fécondes, » auxquelles il faut nous attacher et qui » doivent être pour nous nos véritables » anniversaires, le 14 juillet, le 10 août, » le 22 septembre, sans oublier le 24 fé- » vrier 1848. Nous devons tenir à hon- » neur de remonter aux premières heu- » res de la Révolution française, non- » seulement parce cela nous consti- » tue une tradition, mais surtout parce » que c'est à ce berceau de la France » républicaine que nous retrouverons les » grands exemples et les fortifiantes doc- » trines que nous ont laissées nos pè- » res. »

Voilà les deux traditions et les deux programmes; les traditions et les programmes de la Révolution de 1789 que la mission de la génération actuelle est de terminer; les traditions et le programme d'une révolution nouvelle que l'on veut greffer sur la Révolution de 1789, quand cette dernière n'a pas dit son dernier mot.

Entre M. Gambetta et le parti conservateur, il n'y a pas de milieu; au *Bien public* à choisir entre les deux programmes et les deux traditions.

Les traditions du parti conservateur, ce sont celles que lui ont laissées ses pères, les rédacteurs des cahiers des Etats-Généraux, enfantant une société qu'ils ne devaient pas voir. Et lui, s'inspirant de leur pensée, résolu à terminer à Versailles ce que Versailles a vu commencer, l'œuvre de réforme sociale dont ils ont jeté les fondements, il travaille, comme eux, à construire l'édifice de la société moderne, avec ses conditions vieilles comme le monde, les vérités éternelles des sociétés humaines; avec ses conditions nouvelles, les vérités relatives à son époque; sans se laisser écarter de sa route par les passions et les préjugés du pays, par les impatiences et les faiblesses du pouvoir, passions et préjugés, impatiences et faiblesses qu'ont rencontrées ses pères et devant lesquels ils ont succombé, qu'il rencontre comme eux, mais devant lesquels il ne succombera pas, parce qu'il a l'expérience de quatre-vingts années qui ne sera pas perdue, parce que le pays ne veut pas retourner aux carrières de la Révolution, parce qu'il a avec lui de glorieux alliés qui ont conquis le droit de défendre à la tribune la patrie qu'ils ont défendue sur les champs de bataille, sans s'inquiéter de la couleur du drapeau.

Sûr de lui, sûr du pays qui le regarde et qui le juge, sûr du pouvoir qu'il attend, si, depuis le 8 février 1871, le parti parlementaire n'a pas encore résolu toutes les questions vitales du pays, s'il en a ajourné quelques-unes sous l'influence de circonstances qu'il n'est pas utile de rappeler ici, il n'a pas dévié un seul jour de la voie que lui ont tracée les fondateurs de la société moderne, parce qu'il s'est placé au cœur de la révolution française, les yeux fixés sur son programme, qu'il n'a pas plus oublié ou dédaigné qu'il ne l'a méconnu.

Si, au lieu d'un article de journal, j'avais à faire un livre, je commencerais par l'histoire du parti conservateur parlementaire ; je le montrerais toujours d'accord avec lui-même, toujours fidèle depuis quatre-vingts ans aux mêmes idées et aux mêmes doctrines, qu'il s'appelle Mounier, Malouet, Lally-Tollendal, Clermont-Tonnerre en 1789 ; Martignac, Royer-Collard, Mortemart en 1829; Casimir Périer, Thiers, Molé, Guizot, de Broglie en 1835 ; centre gauche en 1869; centre droit avec ses alliés en 1872, et que 1952 trouverait encore à la même place, si la fatalité de la France voulait qu'elle parcourût encore pendant quatre-vingts ans le même cercle révolutionnaire, l'anarchie et le despotime ?

Je discuterais pied à pied tous les articles du programme de 1789, je montrerais la majorité de l'Assemblée nationale, conservatrice et parlementaire, réalisant ce programme autant qu'elle le jugeait utile et possible, ne perdant pas un jour pour résoudre toutes les questions vitales de la reconstitution du pays, l'armée, les finances, la représentation nationale à tous ses degrés, l'instruction primaire, les conditions générales de l'ordre et des affaires; ajournant dans l'intérêt de la libération de la dette et de l'évacuation du territoire, les questions non moins essentielles, mais plus délicates, qui touchent au pouvoir exécutif, à la forme du gouvernement et à la res-

ponsabilité des ministres, mais n'adoptant pas un principe, ne votant pas une résolution qui ne fût rigoureusement d'accord avec le programme de 1789, et ne manquant pas une occasion d'affirmer avec éclat « le maintien des princi-
» pes parlementaires, comme étant tout
» à la fois la sauvegarde et l'honneur du
» pays (1). »

Mais, sachant bien que je n'apprendrais rien à personne en établissant :

1° En ce qui touche la question générale;

Que l'Assemblée nationale a constamment affirmé la religion « comme la base la plus propre à affermir la saine politique; » la propriété « comme devant être maintenue depuis le trône jusqu'à la plus chétive cabane; » la famille « comme dominant tous les préjugés, toutes les personnalités, tous les intérêts; »

2° En ce qui touche les questions politiques et de droit public;

Qu'elle a porté jusqu'au scrupule le

---

(1) Déclaration de l'Assemblée nationale relativement à la constitution du pouvoir exécutif, 31 août 1871.

respect pour la liberté individuelle, la souveraineté nationale, l'égalité civile et politique, la liberté de la presse;

3° En ce qui touche l'application de ces principes;

Qu'elle a, en quelque sorte, calqué sur le programme de 1789 les lois relatives à la représentation communale et départementale; réglé conformément aux principes de l'égalité la plus absolue et de la défense du pays la loi du recrutement de l'armée; adopté en ce qui concerne les lois de finances le principe que les charges de la société nouvelle doivent être supportées par la propriété nouvelle issue de cette société, la propriété mobilière, par application de ce principe inscrit au programme « que l'Assemblée nationale sera chargée d'aviser aux moyens de faire participer à l'impôt les rentiers capitalistes; »

Je me bornerai à prouver au *Bien public* que l'Assemblée nationale est restée fidèle aux principes de la Révolution française, même dans ses ajournements, relativement aux quetions qsu'elle n'a pu résoudre définitivement, à savoir :

Les droits du pouvoir exécutif,

La forme du gouvernement.

La responsabilité des ministres.

I. — L'art. 15 du programme demande « le maintien de tous les droits de la couronne. »

Dans la langue du droit public, le prince ou la couronne signifient le pouvoir exécutif.

Quels sont en France, où le pouvoir exécutif a une telle importance que le pays se personnifie toujours en lui, sauf à le lui faire payer plus tard, les droits du prince ou de la couronne ?

Ecoutons, à cet égard, le plus éminent de nos publicistes. Feu le duc de Broglie, examinant dans son admirable livre sur le gouvernement de la France, le cas où la France devrait *se résigner à la République comme gouvernement de transition*, posait les règles suivantes :

Un chef ;

Un seul chef — point de gouvernement à plusieurs tête ;

Un chef investi de tous les attributs de la royauté, l'initiative et le veto, — l'exécution des lois, — la direction de l'administration dans toutes ses branches, — la nomination à tous les emplois aux conditions légales, — le commandement des armées de terre et de mer ;

Un chef élu, sauf le nom et la durée.

En votant la résolution qu'on a appelée

le pacte de Bordeaux ; en votant celle qu'on a improprement appelée la Constitution Rivet, l'Assemblée nationale a vigoureusement maintenu « tous les droits de la couronne. »

II. — L'article 14 du programme « déclare que le gouvernement monarchique est le seul admissible en France. »

Le *Bien public* pense-t-il que l'Assemblée nationale a eu tort de ne pas proclamer immédiatement le retour à la monarchie ?

Croit-il, avec M. Gambetta, que ce soit aux premières heures de la Révolution que se trouve le berceau de la France républicaine ?

Croit-il, au contraire, qu'après les effroyables malheurs que la France venait de traverser, en présence du trouble des esprits que le temps n'avait pas encore dissipé, en présence des prétentions diverses qui avaient résisté à la nécessité d'un accord, il y avait lieu de tenir compte de ces circonstances en appliquant à une époque de transition un gouvernement de transition ?

L'Assemblée nationale, souveraine et monarchique, n'a pas cru devoir proclamer la monarchie.

Elle n'a pas voulu proclamer la république.

Elle a voulu un gouvernement de transition.

En faisant un gouvernement de transition, elle a fait ce que lui conseillait, dix ans d'avance, l'homme éminent que j'ai déjà cité et dont on ne saurait trop méditer les paroles :

« Tout en persistant à regarder la monarchie comme le plus noble des gouvernements, celui qui répond le mieux aux vues de la Providence et aux progrès de la civilisation, le seul qui convienne aux grands Etats, le seul qui promette à la France de la grandeur et du repos, nous n'oserions affirmer qu'elle ne soit pas réduite encore une fois à traverser l'épreuve périlleuse du régime républicain.

» Pour que la monarchie s'établisse ou se rétablisse, en effet, à l'issue d'une longue série de troubles civils, *il ne suffit pas de la préférer à tout autre forme de gouvernement ;* il faut rencontrer à point nommé un homme hors de pair, *un homme appelé au trône par les circonstances*, et digne du trône par son illustration héréditaire ou personnelle ; un homme qui soit, comme on l'a dit avec une naïve énergie, du bois dont on fait les rois.

» Si cet homme-là n'existe pas, *il faut l'attendre* et donner *du temps au temps.*

» Et s'il arrive, au contraire, ce qui non plus n'est pas impossible, s'il arrive que *plusieurs prétendants se rencontrent*, plusieurs prétendants inégaux en titres, aux yeux de la raison et de l'histoire, mais égaux, ou à peu près, en chances de succès, *dans ce cas encore*, il sera sage de préférer la République à la guerre civile; ce sera, dans ce cas encore, le gouvernement *qui divise le moins*, et qui permet le mieux à l'esprit public de se former, à l'ascendance légitime de grandir et de triompher en définitive.

» Soit dans l'un, soit dans l'autre cas, il sera donc au besoin sage de s'y résigner ; mais il sera sage en même temps de ne considérer le régime républicain que comme un pis-aller, comme un état de transition, et de ne sacrifier à l'esprit républicain, à sa jalousie, à sa turbulence, de ne sacrifier surtout au maintien, à la prospérité de la République aucune des garanties de l'ordre au dedans, aucune des conditions de la sécurité et de la grandeur au dehors. » (1).

---

(1) *Vues sur le gouvernement de la France*, 1861.

Ces paroles, qui semblent avoir été écrites en 1871, l'Assemblée nationale les a méditées et appliquées le 17 février 1871, en nommant M. Thiers « chef du pouvoir exécutif de la République française, » en attendant qu'il soit statué sur les institutions de la France; elle les a méditées et appliquées le 31 août 1871, en donnant le titre de président de la République française à M. Thiers, « qui continuera d'exercer, tant que l'Assemblée nationale n'aura pas terminé ses travaux, les fonctions qui lui ont été déléguées par le décret du 17 février 1871. »

Certes, je suis de ceux qui regrettent qu'en présence du mouvement national qui a produit les élections de 1871, devant la France sanglante, éperdue, ruinée, sortant à la fois d'une guerre sans nom dans les fastes des peuples et d'une dictature qui n'en a que trop, les princes de la maison de Bourbon, le comte de Chambord et le comte de Paris, ne se soient pas présentés à l'Assemblée nationale, la main dans la main, le lendemain du 8 février, en se mettant à sa disposition, sans conditions et sans phrases. Je le regrette amèrement; mais, comme elle se trouvait précisément en présence des deux cas prévus par M. de Broglie, « l'absence d'un homme appelé » au trône par les circonstances, et plu- » sieurs prétendants à la fois, inégaux » en titres, mais égaux ou à peu près en » chances de succès ; » comme elle avait devant elle un illustre vieillard, qui ne s'était pas mêlé au 4 septembre ; qui, nouveau Bélisaire, avait mendié sur toutes les routes de l'Europe des secours pour la France ; dont elle connaissait l'inimitable talent et les relations avec toutes les chancelleries de l'Europe ; dont elle savait par cœur les enseignements et les doctrines, l'Assemblée nationale qui comptait cinq cents monarchistes sur sept cents députés *se résigna à préférer la République* à la guerre civile et elle déféra à M. Thiers le titre de président du pouvoir exécutif de la République française, avec le caractère provisoire absolument réservé par le feu duc de Broglie.

L'Assemblée nationale eut-elle raison? eut-elle tort en prenant cette résolution le 17 février 1871 et en la confirmant le 31 août?

Je n'hésite pas à le dire ; en présence de la situation qui lui était faite, l'Assemblée nationale a tenu la seule conduite qu'elle pût tenir, je n'en veux pour témoin que les hésitations et les souffrances d'une partie considérable de la majorité dont M. Dampierre s'est fait récemment l'éloquent interprète (2) et qui ne se serait pas résignée à accepter les conditions posées par M. Thiers, si elle n'eût été contrainte par des circonstances plus fortes que sa volonté, et par son patriotisme.

En se résignant à cette épreuve, en faisant subir cette grave inflexion au principe monarchique si nettement posé par l'unanimité des cahiers des Etats-Généraux, l'Assemblée a-t-elle failli au programme de 1789?

L'avenir le dira.

A-t-elle pris les mesures conseillées par M. de Broglie pour ne pas sacrifier « à l'esprit républicain, à sa jalousie, à sa turbulence, aucune des garanties de l'ordre au dedans, aucune des conditions de la sécurité et de la grandeur au dehors? »

En votant la suppression de la garde nationale ; en décidant par la loi militaire que tout corps organisé est soumis

---

(2) Lettre du 5 septembre 1872.

aux lois militaires et fait partie de l'armée; en décidant que les hommes présents au corps ne prennent part à aucun vote ; en édictant la loi sur l'Association internationale des travailleurs ; en faisant l'accueil le plus sympathique à la loi sur le jury proposée par M. le ministre de la justice; l'Assemblée a pris les mesures les plus urgentes pour ne sacrifier « au maintien et à la perpétuité de la République » aucune des garanties de l'ordre au dedans et de la grandeur au dehors.

Elle a pris, pour assurer l'une et l'autre, une mesure plus efficace encore en votant la responsabilité ministérielle; c'est ce qui me reste à dire.

III. — Le programme de 1789 réclame impérieusement « la responsabilité des ministres. »

En votant le paragraphe 5 de l'art. 3 de la loi du 31 août 1871, qui dispose « que le conseil des ministres et les ministres sont responsables devant l'Assemblée, » l'Assemblée nationale a fait deux grandes choses.

Elle a rétabli le gouvernement parlementaire, plus nécessaire dans une République que dans une monarchie, parce qu'il est le reflet du pays, et que le pays ne permet pas longtemps qu'on le gouverne par le caprice, l'ignorance ou l'imbécilité.

Elle a assuré l'ordre au dedans et la grandeur au dehors parce qu'ils sont les premiers besoins du peuple, et que, quand les peuples mettent la main à leurs affaires, ils ne supportent pas longtemps l'anarchie ou le despotisme.

En rétablissant le gouvernement parlementaire, l'Assemblée nationale n'a fait que se souvenir ! Elle s'est souvenue des conseils que M. Thiers donne aux peuples qui abandonnent leurs destinées aux mains d'un seul homme, en terminant son admirable ***Histoire** du Consulat et de l'Empire*.

L'Assemblée nationale, qui a rétabli la responsabilité des ministres, a-t-elle appliqué, comme elle le devait, ce principe salutaire?

Responsable elle-même du pouvoir qu'elle s'est donné, a-t-elle suffisamment dégagé cette responsabilité ?

Le jour est-il venu où, après avoir rétabli, avec une sage lenteur, les affaires du pays, elle doit s'occuper de la reconstitution du pouvoir ? doit-elle proclamer une forme définitive? doit-elle maintenir ou prolonger le *statu quo* en appliquant le principe *uti possidetis?*

C'est ce que je dirai en répondant à la plainte adressée par vous au parti conservateur de l'Assemblée nationale, que vous accusez de faire fausse route, et de se croiser les bras quand le moment est venu d'agir.

Ce sera l'objet de ma quatrième et dernière lettre.

QUATRIÈME ET DERNIER ARTICLE

WHIGS ET TORYS

Monsieur le rédacteur,

En présence de l'attaque audacieuse dirigée par l'organe de la République conservatrice contre le parti conservateur et parlementaire qu'il accuse d'ignorer les principes de la Révolution française, de mépriser et d'oublier le programme de 1789, j'ai répondu au *Bien public* qu'il se plaçait sur un mauvais terrain.

Je l'ai prouvé, en rappelant à grands traits les principales lois organiques et constitutionnelles votées par l'Assemblée nationale, toutes, sans exception, conformes au programme de 1789, toutes sans exception empreintes des principes de la société moderne, qu'il me convient d'appeler, comme lui, les principes de la Révolution française.

Je l'ai prouvé, en mettant sous les yeux de vos lecteurs ces principes et ce programme, admirable synthèse sortie de l'analyse des cahiers des Etats Généraux (1), formulée par le Tiers-Etat, seul, ou réuni aux deux autres ordres, et qui se résume ainsi qu'il suit :

1° Religion, et particulièrement, suivant une des plus heureuses expressions de M. Thiers, le culte national, le catholicisme, dont la France a toujours été l'épée et le bouclier dans le monde; propriété, depuis le trône jusqu'à la plus chétive cabane; famille.

2° Liberté individuelle; souveraineté nationale garantie par le vote des subsides; liberté de la presse avec répression des abus; égalité civile et politique.

3° Gouvernement parlementaire avec la forme monarchique; droits du pouvoir exécutif; gouvernement du pays par le pays, Assemblée nationale, provinciale et communale; responsabilité des ministres; distribution de la justice égale pour tous; instruction de la jeunesse de tous les ordres, gratuite et universelle dans les campagnes; force armée res-

---

(1) *Archives parlementaires*, tomes I à VI. — 1868, par Laurent et Mavidal.

pectable, premier devoir de la nation assemblée; participation à l'impôt des rentiers capitalistes; point de constitution dogmatique, mais collection en une charte des délibérations de l'Assemblée nationale sur tous les grands objets de la constitution.

En présence de tels principes et d'un tel programme demeurés si longtemps ensevelis dans la poussière des archives nationales, à l'aspect de ce monde nouveau, révélation imprévue de tout un ordre d'idées, de sentiments, de doctrines que nous partagions sans nous rendre compte de leur origine, je me suis dit : les principes, le programme de la Révolution française, qu'il ne faut pas confondre avec ses actes, c'est nous! c'est le parti conservateur et parlementaire, avec ses glorieux alliés de la droite, qui ont conquis sur les champs de bataille de la patrie le droit de la défendre à la tribune, avec les hommes éminents qui n'appartiennent à aucune des fractions classées de l'Assemblée, mais au pays et à la liberté; avec ses glorieux ancêtres : les Mounier, les Malouet, les Lally-Tollendal, les Martignac, les Casimir Périer, les Thiers, les Guizot, les Molé, le feu duc de Broglie; c'est lui, lui seul, qui en a le dépôt et la garde; c'est lui qui les opposera comme une barrière infranchissable aux tentatives des nouveaux *missi dominici* d'une révolution nouvelle qui font courir les effluves révolutionnaires depuis l'embouchure de nos fleuves jusqu'aux crêtes les plus élevées de nos montagnes; c'est lui qui jettera le cri du Sénat romain : *Caveant consules*, et qui dira au pays : Prenez garde!

Sous le beau nom de République conservatrice où vous cherchez un abri contre des passions violentes, violemment excitées, à côté d'hommes de bonne foi qui appellent refuge ce qui n'est qu'une étape, se cachent mal les appétits d'une révolution nouvelle dont vous ne voulez pas; avec des hommes nouveaux, que vous ne connaissez que trop; avec des intérêts nouveaux qui ne sont pas les vôtres; avec des convoitises nouvelles; avec une *nouvelle couche sociale* qui n'existe pas, car il n'y a plus en France que deux ordres de citoyens, ceux qui ont acquis l'aisance par leur travail ou celui de leurs pères et qui forment le plus grand nombre, ceux qui travaillent pour s'enrichir; révolution sans cause, sans raison, sans prétexte, sans lendemain comme sans veille.

Mais si cette révolution n'a pas de veille, si elle ne doit pas avoir de lendemain, elle peut avoir son jour, et ce jour-là suffirait pour entraîner avec lui la fortune de la France, la perte de ses libertés, l'échec complet et final de la société moderne, bientôt suivis d'une nouvelle invasion du vainqueur, le Germain; d'une nouvelle invasion du vaincu, le César.

Voilà pourquoi nous nous plaçons entre deux révolutions, celle de 1789, que nous défendons en combattant celle de Gambetta; celle de Gambetta, que nous combattons en défendant celle de 1789.

Voilà ce que nous avons de commun avec le parti de la République conservatrice, la volonté de ne pas laisser la France s'effondrer de nouveau dans une crise anarchique.

Voici ce qui nous sépare :

Comme il ne s'agit pas seulement de sauvegarder le présent, mais d'assurer l'avenir, il ne faut pas suivre le torrent, mais le remonter; il ne faut pas dire les paroles qui flattent, mais celles qui servent.

C'est ce qu'avait admirablement compris le grand ministre de 1831, Casimir Périer, dans une situation analogue à la nôtre. Il ne flattait pas la Révolution de Juillet, il la servait. Il ne la proclamait pas la seule forme qui pût sauver la France, il ne la nommait même pas. Il ne caressait pas le courant populaire qui allait à la guerre et à la République, il déclarait que son gouvernement c'était la charte et la paix; il ne s'inclinait pas devant le penchant du roi qui le portait à imposer sa volonté partout, il mettait pour condition de son entrée au pouvoir que le conseil des ministres se réunirait dans son cabinet.

Voilà comment, en immortalisant son nom, il a fait vivre, pendant dix-huit ans, un gouvernement mal assis, reposant sur un corps électoral dont Louis-Philippe disait à Claremont, qu'il n'avait jamais pu en faire un parti de gouvernement.

Est-ce là la politique du parti républicain conservateur?

Voyons.

Au lieu de principes certains; au lieu du programme de 1789 dont il n'a point souci, il n'en a qu'un, le principe autoritaire; au lieu de servir la République, il la flatte; au lieu de détourner le courant populaire d'une révolution nouvelle, il l'encourage en s'entourant de ses adeptes et en soutenant ses chefs contre ses propres amis ; au lieu de défendre le chef de l'Etat, contre les excès de sa supériorité, il excède les excès, et il n'a pas assez d'encens à faire fumer devant lui.

Et qu'il ne dise pas qu'il veut aujourd'hui le principe autoritaire pour faire la République, et que demain la République défera le principe autoritaire, je ne le croirai pas. Un pays revient de ses idées et se transforme, parce qu'il est permanent; un gouvernement ne se transforme pas, parce qu'il est passager. Fondé sur la ruine du principe parlementaire, et sur l'autorité la plus absolue, le gouvernement que veut faire le parti autoritaire restera autoritaire, et quand la marche des choses, quand l'ascendant de l'opinion sera prêt à le transformer, il fera sa guerre de Prusse.

Voilà la première raison qui nous sépare de la République conservatrice, le principe absolu au lieu du principe qui est plus que jamais le nôtre, le principe parlementaire.

Voici la seconde.

Plein de grâces et de faveurs pour ceux qui se servent de lui comme d'un pont pour arriver au but qu'ils n'atteindraient pas sans lui, le gouvernement de la République conservatrice n'a que des duretés et des reproches pour ceux qui le servent en lui résistant. Faut-il donc toujours tourner dans le même cercle? Et ce que disait Malouet du gouvernement de Louis XVI est il encore vrai aujourd'hui? C'est ce dont le lecteur jugera par les paroles suivantes, dont l'image est trop saisissante pour que j'hésite à la transcrire ici :

« De ce choc simultané de toutes les corporations qui se heurtaient par tous les points et ne se répondaient par aucun, il résultait dans les individus une apparence trompeuse d'unanimité pour des innovations tendant à quelque chose de semblable à un gouvernement libre, que chacun entendait et composait à sa manière. Celle du peuple, qui n'analyse rien, était d'accepter, dans toute son étendue, dans tous ses excès, ce mot de liberté qui retentissait sans cesse à ses oreilles; mais, au milieu de toutes ces voix discordantes, une voix plus grave se faisait entendre, *celle des gens honnêtes et éclairés, qui forment presque partout l'opinion publique et à laquelle le gouvernement pouvait donner toute l'activité de sa direction*. Cette voix, reproduite, à quelques exceptions près, dans les cahiers, devenait un vœu national dont la sanction était indispensable. Que faisait alors le gouvernement? quelle était son attitude? Pendant que tout s'agitait autour de lui, il hésitait, il attendait tous les périls, et n'en conjurait aucun (1). »

Pour conjurer tous les périls d'une situation pareille, le *Bien public* croit-il qu'il suffira des mêmes hésitations qu'en 1789?

J'attends sa réponse.

Ainsi, absence d'homogénéité dans les principes, politique entièrement opposée; il n'y a de commun entre les deux centres, je le dis à regret à ceux qui ont mis leur espoir dans cette union, que la volonté bien arrêtée des deux côtés de s'opposer au désordre. C'est assez pour mériter notre estime, ce n'est pas assez pour mériter notre confiance; c'est assez pour que nous applaudissions aux efforts d'hommes considérables qui ont entrepris de discipliner ce qui, jusqu'à ce jour, s'est montré indisciplinable, d'amener aux idées saines de gouvernement des hommes distingués, mais égarés, qui veulent

---

(1) *Mémoires de Malouet*, p. 330.

la délibération dans le club et l'action dans la rue (1), — mais, et c'est là qu'est tout le péril de la situation, — la Déjanire moderne du radicalisme lui a envoyé la robe teinte de sang du Centaure — il ne l'a pas repoussée, il s'en est revêtu ; la robe reste fatalement collée à ses flancs, il ne lui échappera plus que comme le héros de la fable lui échappa. A quoi bon ? Son sacrifice ne servira qu'à assouvir la passion de la Déjanire et à satisfaire sa vengeance.

En présence de cette situation, en présence d'une oscillation perpétuelle entre l'anarchie et le despotisme, en présence de la République autoritaire qu'on veut nous faire, et dont le programme, nous l'avons dit, laisse planer toutes les incertitudes et toutes les équivoques, dont les promesses ne rassurent aucun intérêt, quelle sera, à la rentrée de l'Assemblée nationale, la ligne de conduite du parti conservateur parlementaire, que vous aussi, monsieur le rédacteur, vous accusez à votre tour de jouer un rôle de dupe et de se croiser les bras quand il devrait agir ?

---

(1) Louis Blanc, *Projet de conférence à la Rochelle.*

Ce qu'elle sera, je vais le dire, comme je la comprends, sous ma seule responsabilité, et sans engager celle de personne.

Le temps des atermoiements est passé, celui des responsabilités commence.

Affranchi de la crainte d'entraver les mesures nécessaires pour la libération de la dette et l'évacuation du territoire, le parti conservateur parlementaire se placera résolûment dans sa force : les traditions de la Révolution française et le programme de 1789.

Usant de l'initiative qui lui appartient, il fera appel à ses amis et à ses alliés, et il constituera avec eux le parti conservateur sur le terrain parlementaire dont il arborera le drapeau, autour duquel il invitera toutes les nuances de l'opinion conservatrice à se ranger.

Et comme première application de ces principes, convaincu que le mal dont la France souffre est beaucoup moins l'état provisoire où elle se trouve que les hésitations et les faiblesses du pouvoir, il réclamera sans délai les libertés nécessaires.

Majorité ou opposition, il rappellera au rétablissement du règne de la loi, en félicitant M. Dufaure d'être resté seul à

Versailles quand tous les autres ministres étaient à Paris, et il demandera compte au ministre intérimaire de l'intérieur de l'inexécution de la loi du 8 septembre 1871, inexécution qui l'a exposé à laisser sans réponse les dépêches du préfet de Nantes, quand l'émeute grondait dans les rues de la ville.

Majorité ou opposition, il n'entrera pas dans des discussions byzantines sur la salle fermée ou sur la salle ouverte quand les Cimbres et les Teutons sont aux portes de Rome; mais, appliquant le principe de la responsabilité ministérielle, qui est la base du programme de 1789 et la condition de la loi du 31 août 1871, il demandera qu'un portefeuille soit envoyé à une personnalité importante, que rend plus importante une amitié illustre, et qui engage la responsabilité du pouvoir dont personne ne veut et dégage celle des ministres que tout le monde réclame.

Majorité ou opposition, il demandera compte à une autre personnalité bruyante des inquiétudes qu'elle a semées, des désastres financiers qu'elle a occasionnés, et le *cadavre* se lèvera pour demander à Catilina jusqu'à quand il abusera de sa patience ?

Majorité ou opposition, sans s'inquiéter de ce qui bourdonne autour de lui, il continuera l'œuvre de la réorganisation du pays, en appelant la Chambre à mettre la dernière main à notre système financier ; à la reconstitution de l'armée; aux lois de décentralisation; à la loi de l'instruction publique ; à la loi du jury; à la loi électorale, sur la triple base du vote obligatoire, de l'âge retardé et du domicile prolongé.

Majorité ou opposition, il se refusera à toute proposition de constitution théorique et dogmatique ; mais il demandera, avec le programme de 1789, que, d'après le résultat des délibérations prises par l'Assemblée nationale sur tous les grands objets de la constitution, il soit fait une charte qui formera le code de la constitution française.

Et quand le programme de Bordeaux « organiser avant de constituer » sera accompli, quand le gouvernement parlementaire sera rétabli, quand l'édifice à construire sera entouré des conditions de l'ordre au dedans, de la sécurité et de la grandeur de la France au dehors, — *alors, mais seulement alors*, il prêtera l'oreille aux projets de reconstitution du pouvoir.

Alors, se trouvant en face de la plus immense tâche qui puisse peser sur la responsabilité humaine, le parti parlementaire placera devant ses yeux, pour les méditer, les paroles d'outre-tombe que le duc de Broglie, prévoyant la chute de l'empire, lui adressait en 1862 : « Disons le tout, tranchons le mot, allons jusqu'au bout de la pensée. Il n'y a pas deux gouvernements possibles dans le même pays. Une république qui touche à la monarchie constitutionnelle, une monarchie constitutionnelle qui touche à la république, et qui n'en diffère que par la constitution et la permanence du pouvoir exécutif, c'est la seule alternative qui reste aux amis de la liberté,

» Toute autre république, c'est la Convention, toute autre monarchie c'est l'empire ; la Convention sans entraînement, sans enthousiasme, sans l'excuse, admissible ou non, de la nécessité ; l'empire, sans le Code civil, sans le Concordat, sans Austerlitz. » (1)

Quant à moi, s'il m'était permis, à la veille d'une nouvelle bataille

(1) *Vues sur le gouvernement de la France*, p. LXXII.

d'Actium, d'adresser un conseil au parti conservateur de l'Assemblée nationale, n'oubliant aucun des services que M. Thiers a rendus à la France, n'oubliant aucun de ceux qu'il lui rendra, lorsque, *reprenant le rôle de défenseur des principes et du programme de la Révolution française*, dont il a si magnifiquement écrit l'histoire, il en dictera la dernière page, *en se plaçant, à la tête du parti parlementaire, et de ses alliés*, entre cette Révolution qui n'a pas encore dit son dernier mot, et celle qu'on veut lui substituer, je lui dirais :

Si vous êtes convaincu que l'avenir de la France est attaché à sa fidélité dans l'exécution, à son jour, à son heure, sans exception ni réserve, du testament de nos pères, le programme de 1789, mais que la question du rétablissement de la forme monarchique doit être ajournée jusqu'au jour lointain peut-être, où, sous l'influence d'événements qui n'apparaissent pas encore, la France pensera que le moment est venu de travailler à une œuvre solide et durable ;

Si vous êtes convaincu que la défense résolue des principes de la société moderne, qu'on est convenu d'appeler les principes de la Révolution française, est la seule barrière à opposer à la révolution menaçante ;

Si vous êtes convaincu que, dans l'état présent des esprits et des affaires, le premier besoin du pays est de rendre le calme aux uns et l'activité aux autres ;

Si vous êtes convaincu que, loin de leur rendre ce calme et cette activité, la proclamation d'un gouvernement défini et définitif, République ou Monarchie, ouvrirait la porte à un état de choses tel qu'il en sortirait fatalement la Convention ou le césarisme;

A toute proposition de Constitution, quelle qu'elle soit, opposez une barrière infranchissable, la continuation des pouvoirs de M.Thiers, à temps ou à vie, dans les conditions de la loi du 31 août 1871, c'est-à-dire avec la responsabilité des ministres devant l'Assemblée, en y ajoutant cette disposition, qu'en cas de vacance du pouvoir, le président de l'Assemblée nationale exercera de plein droit les fonctions de président de la République, jusqu'au jour où l'Assemblée aura définitivement statué.

Pour accomplir cette tâche, il faudrait emprunter à la sage Angleterre son parti whig et son parti tory. Je vois bien le parti tory, la République conservatrice nous donnera-t-elle le parti whig?

Marquis d'Andelarre.
Député à l'Assemblée nationale.

Andelarre, le 5 octobre 1872.

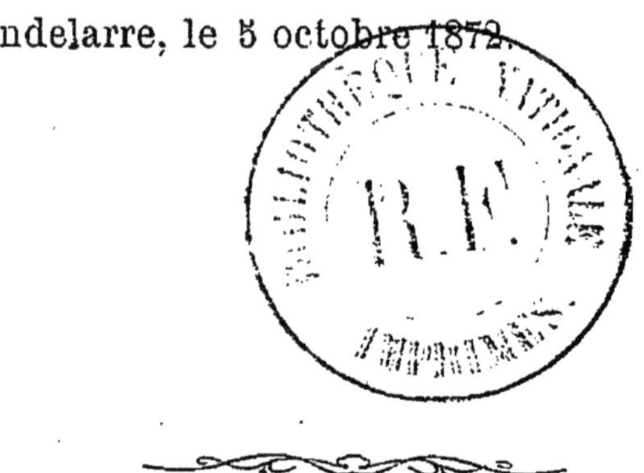

Paris. — Imp. Ch. Schiller, faub. Montmartre, 10.

162

www.ingramcontent.com/pod-product-compliance
Ingram Content Group UK Ltd.
Pitfield, Milton Keynes, MK11 3LW, UK
UKHW021013200726
13857UKWH00004B/1425